AF316809

How to Use

Vocabulary

1

How many legs do these animals have ?
Animal
gǒu 狗
dog
pig
狮 shī
lion
wolf
zhū 猪
猴 hóu
monkey
狼 láng

Are these animal from the wild ?
Wild animal
豹
bào
leopard
貘
mò
tapir
豺
chái
jackal
豸

Which of these animals are NOT insects?
worm
中
虫
chóng
worm
夊
fēng
蜂
bee
虫
1 2 3 4 5 6
frog
蛙
wā
土
卜
虾
xiā
prawn
mussel
蚌
bàng
丰
1 2 3 4 5 6

Do these birds fly ?
Bird
鸟 niǎo
bird
鸡 jī
chicken
鸭 yā
duck
鸵鸟 tuó niǎo
ostrich
又
匚乚
鸟
旦

Do these animals look like horses ?
Horse
camel
骆驼
luò tuo
马
horse
马
mǎ
lú
驴
donkey
luò mǎ
骆马
llama
马
夂
口
一
ㄥ
口

6

Which of these animals are NOT fishes?
Fish
fish
鱼
yú
octopus
章鱼
zhāng yú
squid
è yú
鳄鱼
crocodile
鱼
1 2 3 4 5 6
鱿鱼
yóu yú
ㄅ ㄊ 田 口 丂
ㄟ 日 十 儿
1 2 3 4 5 6

Can you eat these plants ?

Grass
草 cǎo
grass
菜 cài
vegetable
花 huā
flower
苹果 píng guǒ
apple
茄子 qié zi
brinjal

8

Can you find wood in these things ?
Wood
木
mù
木
wood
树
shù
又 寸
椅子
yǐ zi
chair
大 口 子
木
1 2 3 4 5 6
tree
木板
plank
mù bǎn
ㄏㄡ
persimmon
柿子
shì zi
巾
1 2 3 4 5 6

Which of these things are made of bamboo ?

Bamboo
xiāng
箱
chest
pen
bǐ
笔
cage
笼
lóng
jiàn
箭
arrow
basket
篮
lán
竹

10

Do you use these tools to cut ?

刀
刀
dāo
人 ソ 刂
剑
jiàn
knife
sword
刀 刂
to pare
削
xiāo
切
qiē
土
剪刀
scissors
to cut
jiǎn dāo
ソ 月
Knife

11

Are these things made of metal ?
Metal
líng
铃
bell
needle
zhēn
针
金
锅
guō
cooking pot
clock
钟
zhōng

12

How many containers do you see ?

Dish
皿 王 丷
盖
gài
cover
plate
盘
pán
刀
皿
1 2 3 4 5 6
人 口
盒
hé
box
flower pot
盆
pén
刀 八
1 2 3 4 5 6

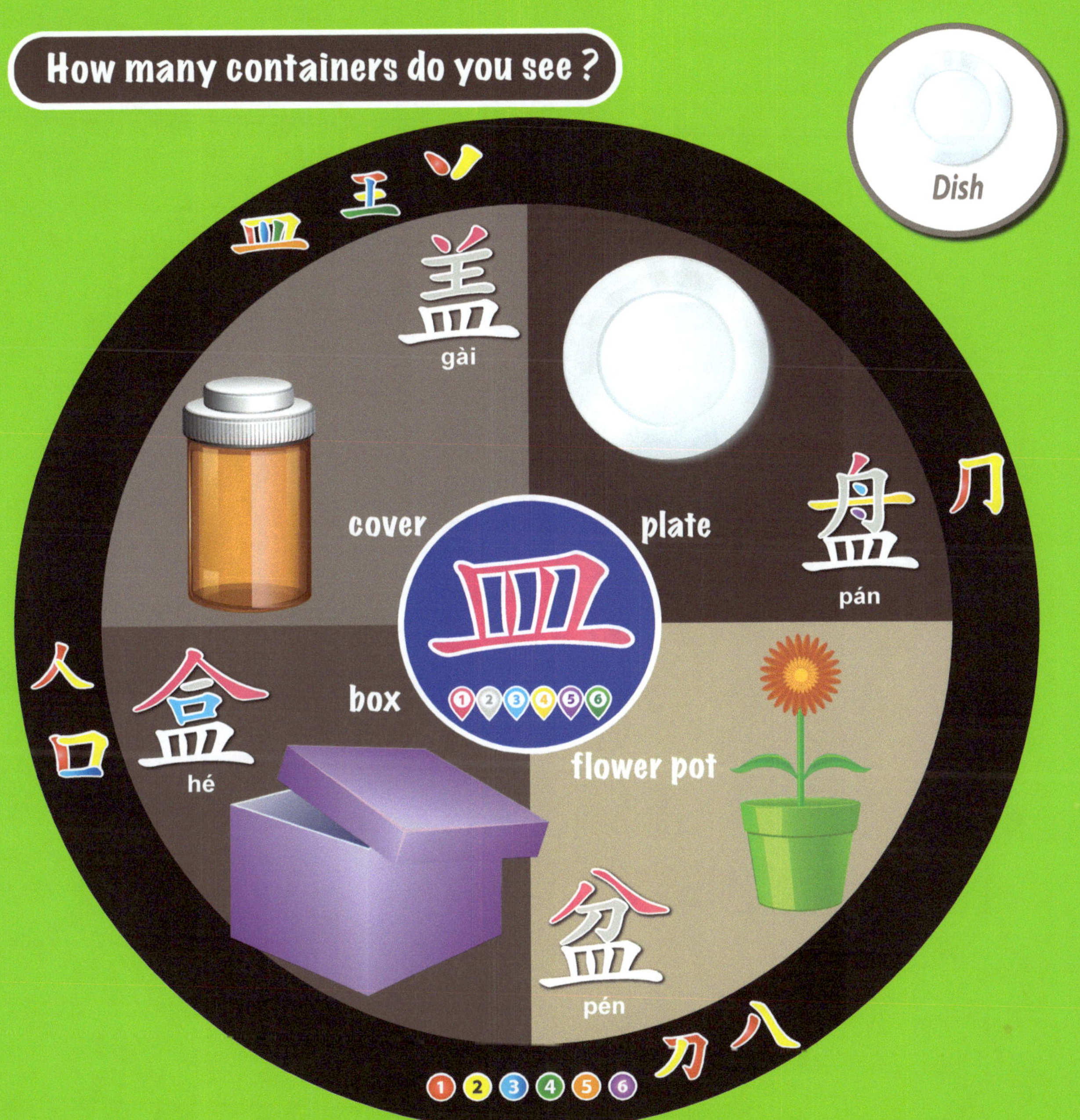

13

Which of these things are made of stone ?

Stone
十人
ㄕㄖ
碎
suì
石
shí
to break
into pieces
stone
石
碗
wǎn
ㄅㄆㄇ
bowl
brick
砖
zhuān
ㄓㄨ
1 2 3 4 5 6

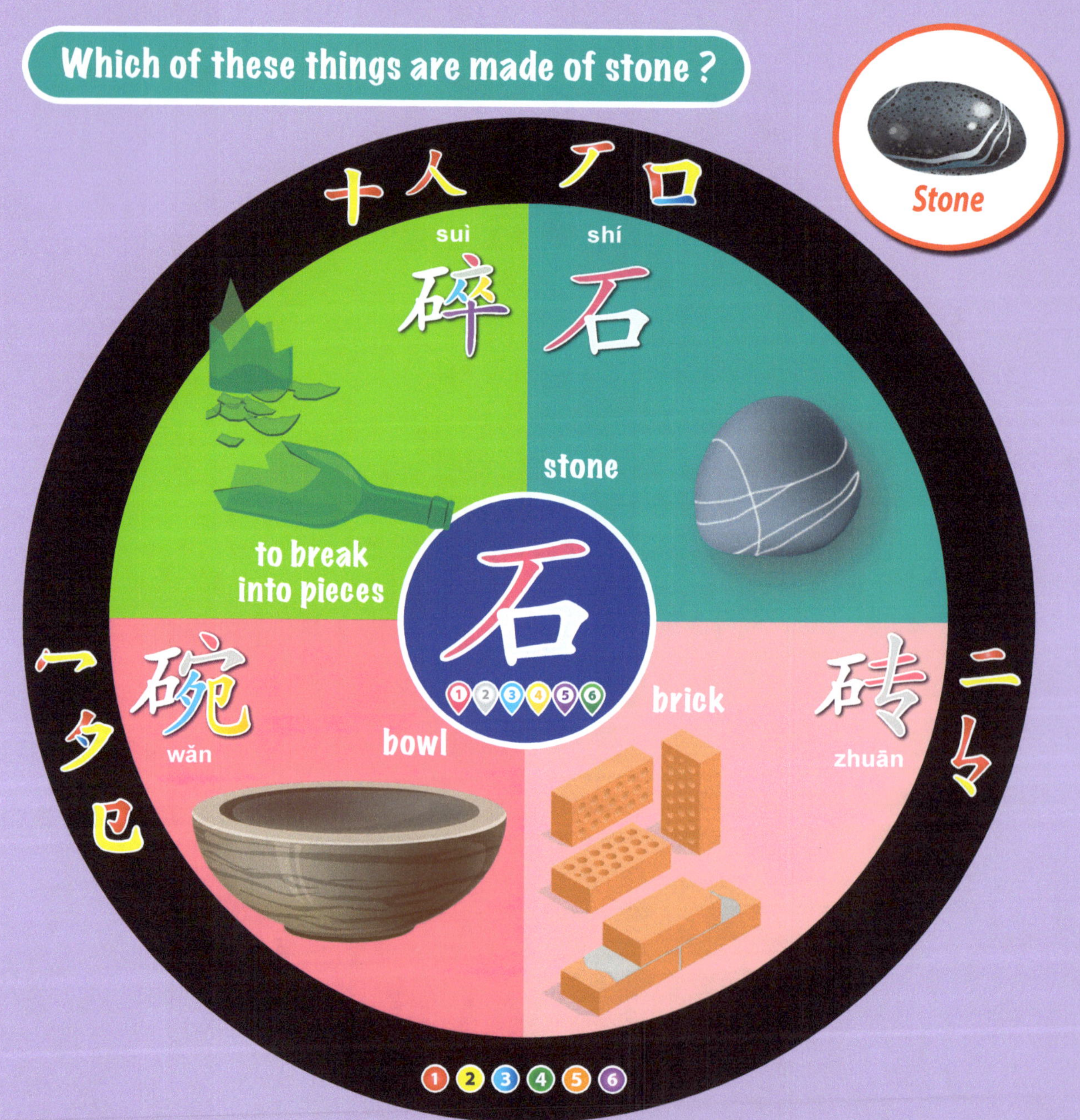

14

Which of these things are round ?
Jade
shǒu huán
手环
wristband
beads
珠子
zhū zi
王
zhēn zhū
珍珠
ball
pearl
球
qiú

15

If you are hungry, which food would you eat ?
Food
bǐng
饼
biscuit
cooked rice
饭
fàn
个
hungry
feeling full
after eating
饱
bǎo
饿
è

What kind of food do you see ?

Rice

rice
mǐ 米

rice
dumpling

粽子
zòng zi

cake

蛋糕
dàn gāo

candy

糖
táng

米

17

Do you see fire in these pictures ?

Fire
zhǔ
煮
to cook
shāo
烧
to burn
dēng
灯
lamp
火灬
1 2 3 4 5 6
hot
热
rè
1 2 3 4 5 6

18

Do you see water in these pictures ?

Water
儿
土
氵
xǐ
洗
to wash
hé
河
口
氵
river
soup
汤
tāng
丿
1 2 3 4 5 6
1 2 3 4 5 6

19

Which of these words are related to coldness ?

Ice
bīng
冰
ice
lěng
冷
cold
chōng làng
冲浪
surfing

20

乳酪
rǔ lào
cheese
酒
jiǔ
wine
酱
jiàng
sauces
HOT CHILI
SOY SAUCE
MUSTARD SAUCE
TOMATO KETCHUP

Wine

Touch your face, leg and back
pàng
胖
fat
bèi
背
back
月
liǎn
脸
face
tuǐ
腿
leg
Flesh

Mouth

How many pairs of eyes can you find ?

Eye
shuì
睡
to sleep
eyes
yǎn jing
眼睛
目
看书
kàn shū
to read
eyebrows
眉毛
méi mao

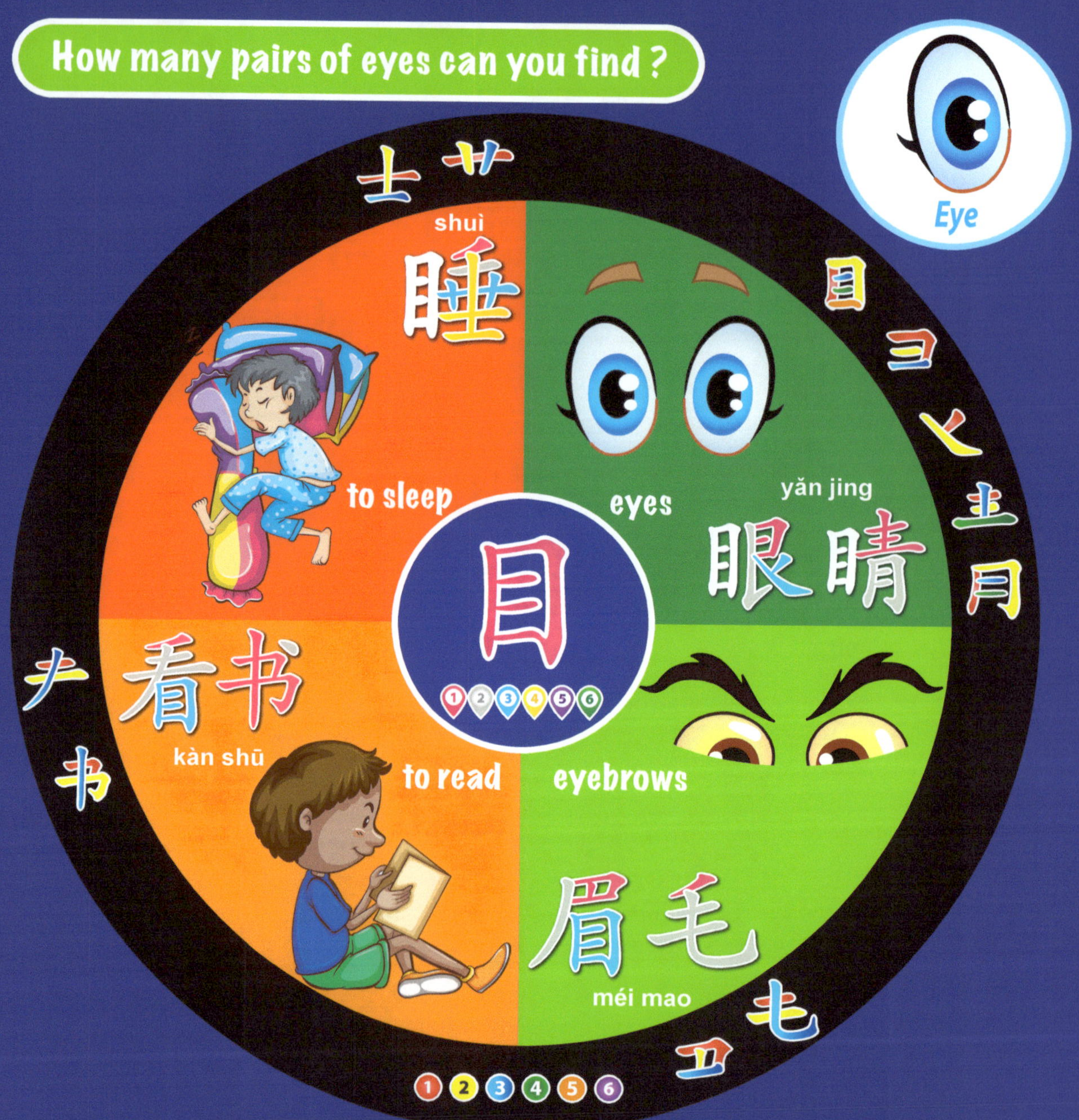

24

Can you do these actions with your hands ?

Hand
dǎ dàn
打蛋
to beat eggs
to wave
zhāo shǒu
招手
pāi shǒu
拍手
to clap
to push
推
tuī

Can you do these actions with your legs ?
leg

pǎo
跑
to run
cǎi
踩
to step on
kuà
跨
to step across
足
tī
踢
to kick

26

Name the 3 places you see in these pictures

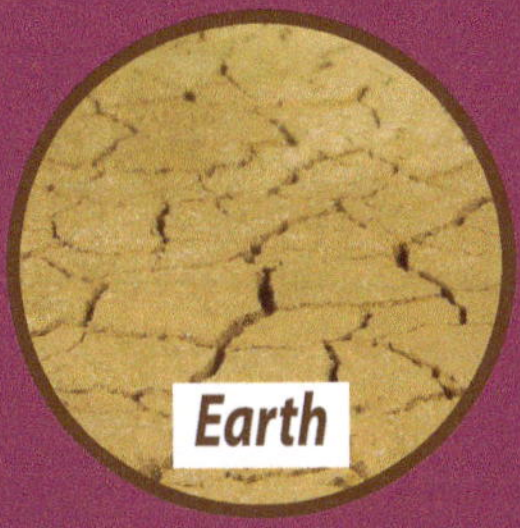

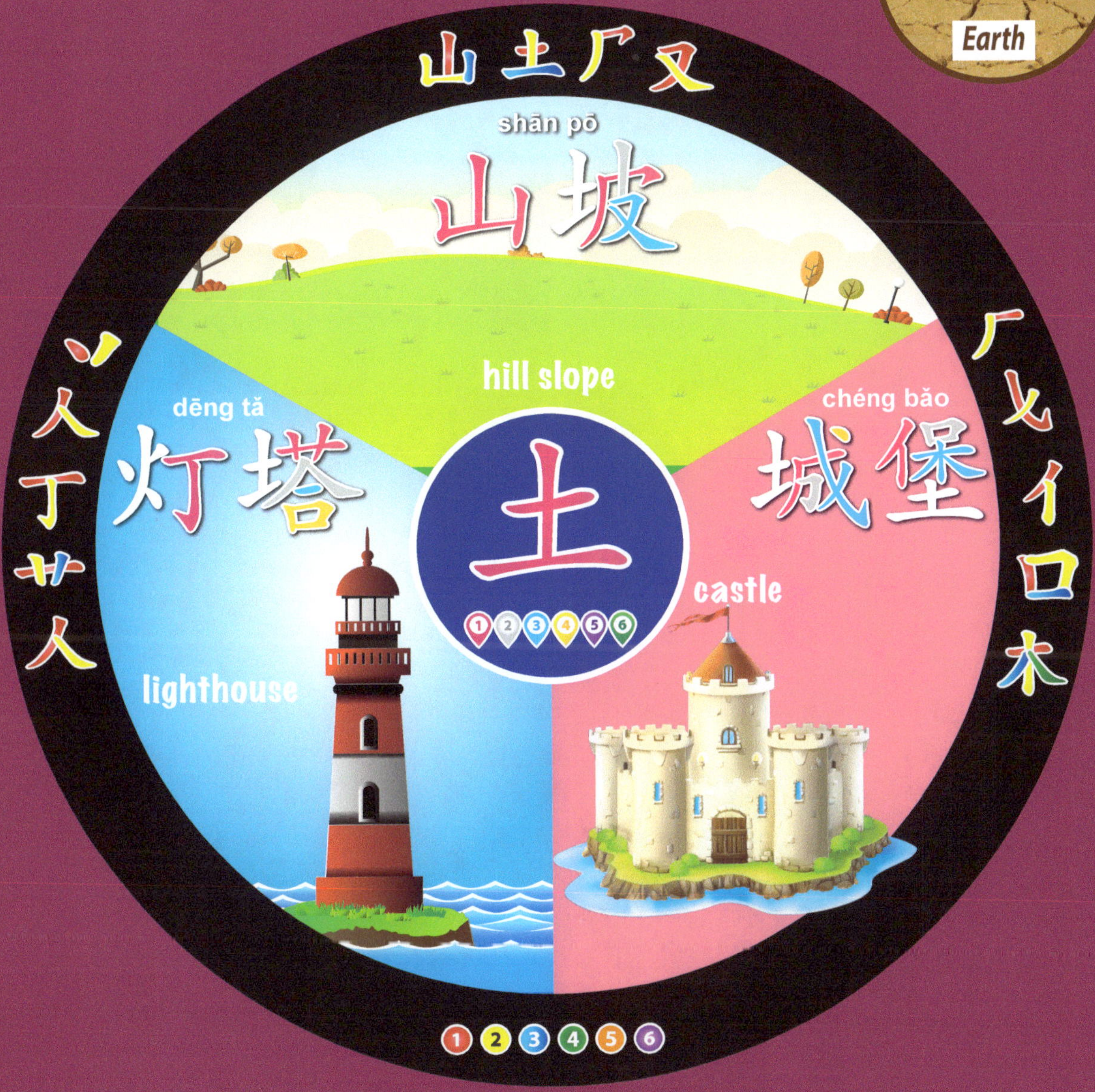

Can you knit or sew ?
Silk
shéng
绳
rope
纸
zhǐ
paper
丝
to sew
féng
缝
to knit
织
zhī

Do you wear these types of clothes ?

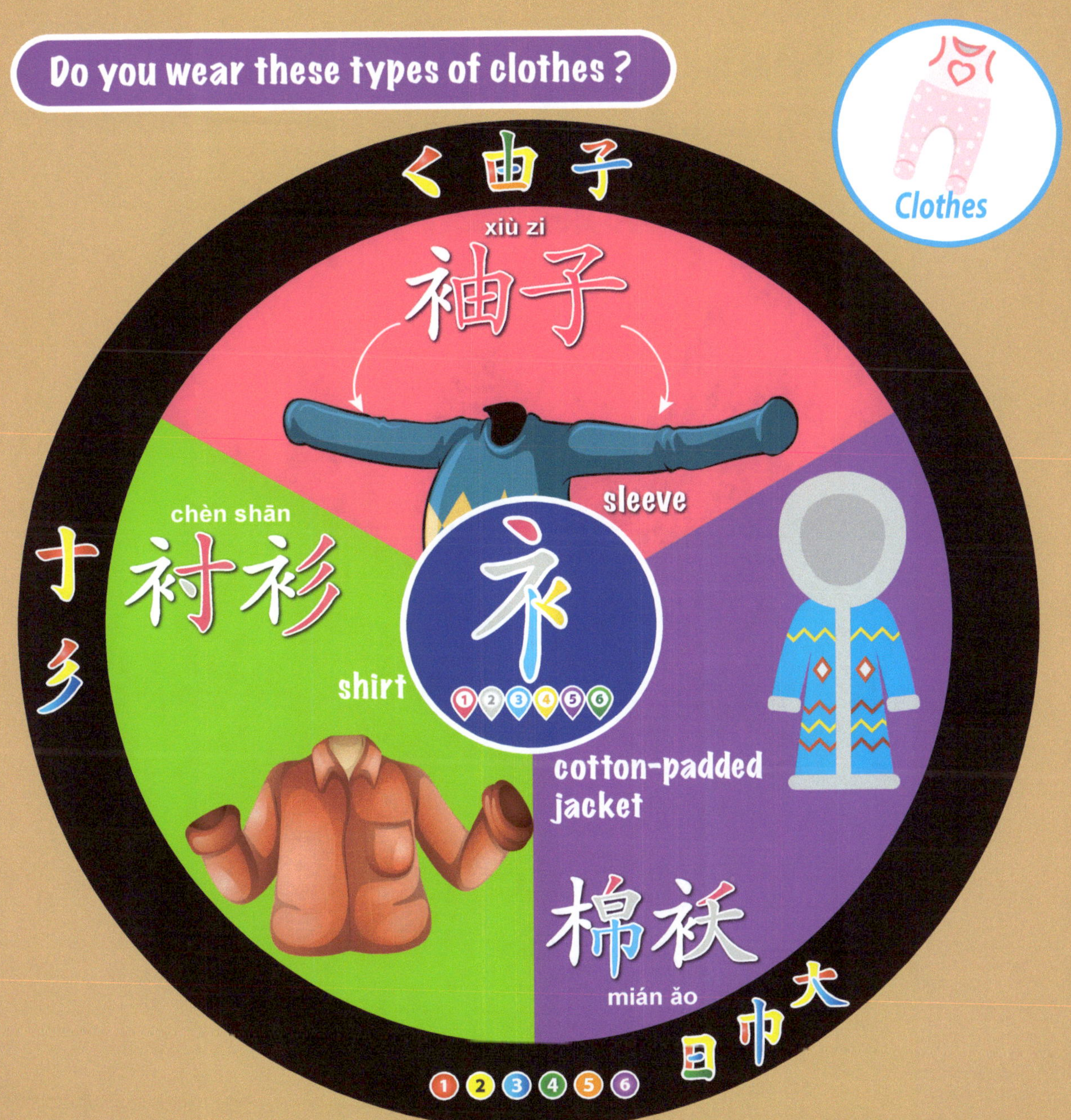
Clothes
xiù zi
袖子
sleeve
chèn shān
衬衫
shirt
cotton-padded jacket
棉袄
mián ǎo

Are these things made of cloth ?
Cloth
sail
tent
帐篷
zhàng peng
帽子
mào zi
hat
巾
帆
fān
几
巾
士
大
夊
丰
主
冂
二
目
子

30

Who are sick ?
Illness

shēng bìng
生病
sick
yá tòng
牙痛
toothache
scar
疤痕
bā hén

31

Have you experienced these weathers before ?
Rain
xià yǔ
下雨
raining
dǎ léi
打雷
thundering
雨
snowing
下雪
xià xuě
卜巾冫
扌丁田
彐

Cliff
gōng chǎng
工厂
factory
chē xiāng
车厢
carriage
厂
living room
客厅
kè tīng

Female
ㄨㄞˊ ㄆㄛˊ
外婆
wài pó
maternal
grandmother
ㄇㄚ ㄇㄚ
妈妈
mā ma
mother
女
1 2 3 4 5 6
elder
sister
younger
sister
姐姐
jiě jie
妹妹
mèi mei
且
未
1 2 3 4 5 6

34

Walking
口
夂
马
十
亻
コ
丼
之
く
冫
to cross
the street
过马路
guò mǎ lù
please
come in
请进
qǐng jìn
zhuī
to chase after
追
to run away
táo
逃
之
1 2 3 4 5 6

1 2 3 4 5 6

35

What are these things made of ?

Leather
xié zi
shoes
鞋子
boots
xuē zi
靴子
革
saddle
whip
马鞍
mǎ ān
鞭子
biān zi

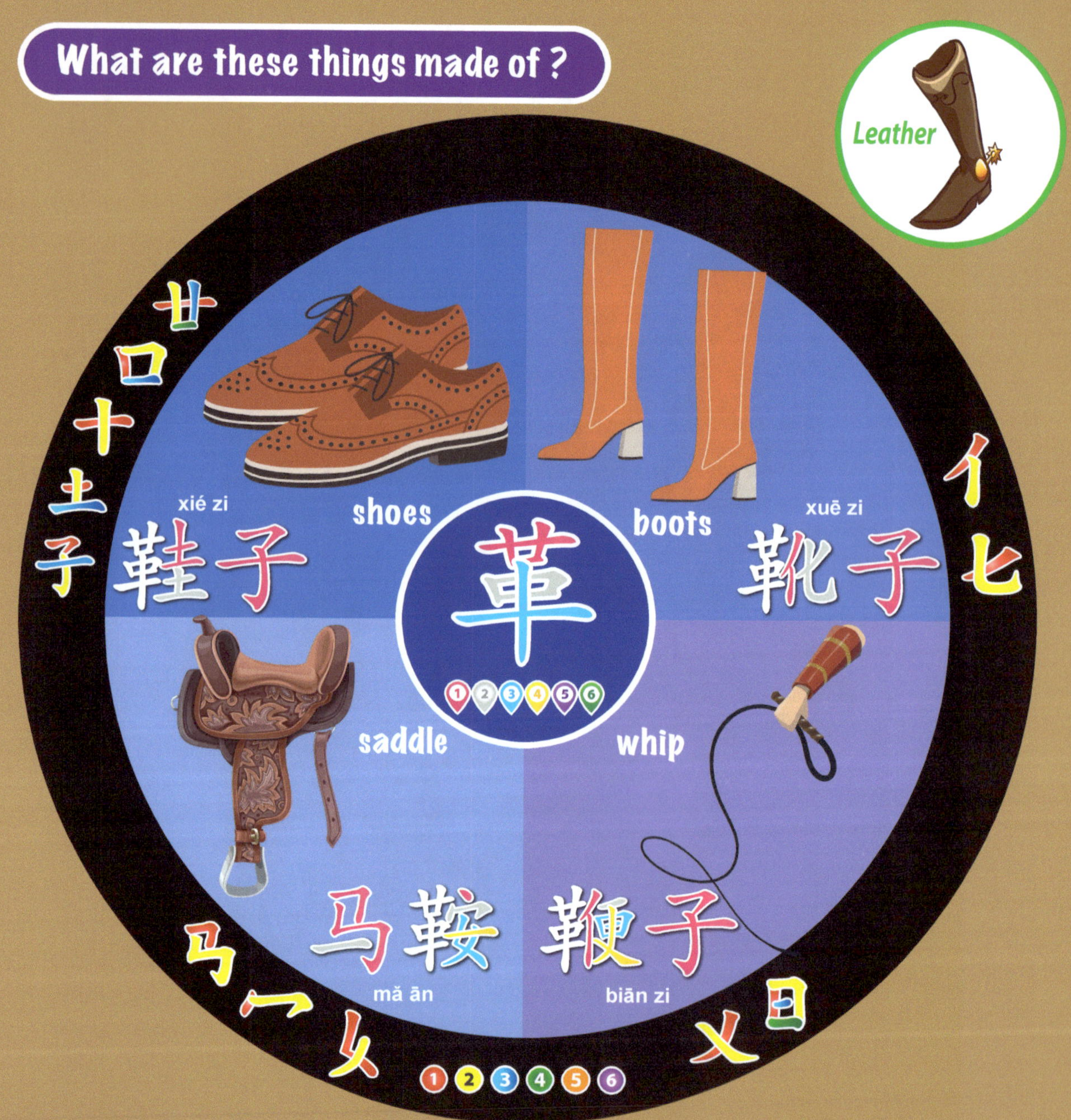

36

Heart
开心
kāi xīn
happy
shāng xīn
伤心
sad
pà
怕
scared
小心
开心

38

These people deal with money ?
Money used in ancient times
Shell

shopping
peddler
thief
购物
gòu wù
贼 zéi
小贩
xiǎo fàn
贝
FARM PRODUCT

39

Enclosure
zhū juàn
猪圈
pigsty
wéi lán
围栏
enclosure
口
dì tú
地图
map